The Last Discovery: Bilingual German-English Short Stories for German Language Learners

Pomme Bilingual

Published by Pomme Bilingual, 2024.

While every precaution has been taken in the preparation of this book, the publisher assumes no responsibility for errors or omissions, or for damages resulting from the use of the information contained herein.

THE LAST DISCOVERY: BILINGUAL GERMAN-ENGLISH SHORT STORIES FOR GERMAN LANGUAGE LEARNERS

First edition. August 17, 2024.

ISBN: 979-8227022370

Written by Pomme Bilingual.

Table of Contents

Die letzte Fahrt des alten Bootes

Es war ein starker Wind am Morgen, als der alte Fischer, Franz, sein Boot vom Steg schob. Das Meer lag ruhig, aber die Wellen tanzten in unregelmäßigen Abständen und erinnerten an die Unbeständigkeit des Lebens. Franz schob sein Boot ins Wasser und setzte sich an den Steuerplatz. Er schob die alten Riemen aus Holz beiseite, die er oft in den letzten Jahren benutzt hatte. Seine Hände waren rau und die Knöchel stark von der Arbeit, doch heute schienen sie schwach.

Franz hatte das Meer schon seit seiner Kindheit gekannt, doch heute erschien es ihm fremd. Vielleicht lag es an der trüben Morgensonne, die durch die Wolken schimmerte, oder vielleicht war es der Gedanke an den bevorstehenden Abschied, der ihn beunruhigte. Es war die letzte Fahrt, die er machen würde, sagte er sich. Vielleicht war es auch die letzte Fahrt, die jemand aus dem Dorf sehen würde.

Das Boot war alt und das Holz schien die Geschichten vergangener Tage zu erzählen. Er setzte die Segel, obwohl sie sich nicht mehr so geschmeidig wie früher bewegten. Der Wind, der vorhin stark war, hatte nachgelassen. Franz bemerkte es, doch er war zu müde, um sich darüber zu ärgern. Er wollte einfach nur hinaus auf das Meer, hinaus in die Stille, die ihn immer wieder beruhigt hatte.

Als er die Küste hinter sich ließ, verschwand die Welt der Menschen. Nur das Rauschen des Wassers und das Knarren des

Bootes waren noch zu hören. Franz wusste, dass es viele Jahre her war, seit er zuletzt so weit hinausgefahren war. Damals war das Meer noch voller Fische, voller Hoffnung. Jetzt, in den letzten Jahren, war das Meer karg geworden. Es gab keine Fische mehr, oder vielleicht waren es nur die alten Augen eines alten Mannes, die sie nicht mehr sehen konnten.

Er dachte an sein Leben, an die Jahre, die hinter ihm lagen. Die Jahre der Arbeit, der Schmerzen, aber auch der kleinen Freuden. Er dachte an die Familie, die er verloren hatte, an die Freunde, die schon lange tot waren. Franz hatte viele Schicksalsschläge erlitten, aber er hatte nie aufgegeben. Jetzt, am Ende seines Lebens, wollte er nur noch Frieden finden. Vielleicht würde er ihn auf dem offenen Meer finden, weit weg von allem, was ihn belastet hatte.

Die Sonne stand hoch am Himmel, als Franz sein Boot zur Ruhe brachte. Er holte die kleine Flasche aus seiner Tasche, die er seit Jahren bei sich trug. Es war ein kleines Stück seiner Vergangenheit, eine Erinnerung an bessere Zeiten. Er trank einen Schluck aus der Flasche und lächelte. Die Erinnerung an die vergangenen Tage, an die Stimmen der Familie, an die Wärme des Hauses, all das schien in diesem Moment lebendig zu werden.

Franz legte sich in das Boot und schloss die Augen. Der Wind hatte wieder aufgefrischt und das Boot begann sanft zu schaukeln. Franz konnte das sanfte Wiegen spüren, das ihn so oft beruhigt hatte. Vielleicht war es das, wonach er suchte. Vielleicht war es die Ruhe, die er immer gesucht hatte, die ihn jetzt umgab.

Der Himmel färbte sich langsam rot, als die Sonne begann, unterzugehen. Franz öffnete die Augen und blickte auf das Wasser. Es war wie ein endloser Teppich aus Silber, der sich vor ihm ausbreitete. Er wusste, dass es bald dunkel werden würde, und er spürte eine tiefe Zufriedenheit. Er hatte sein Leben gelebt, hatte alles getan, was er konnte. Jetzt war es an der Zeit, loszulassen.

Der alte Fischer atmete tief durch und ließ die Augen wieder schließen. Die Stille des Meeres, das sanfte Schaukeln des Bootes, all das vereinte sich in einem letzten, ruhigen Moment. Franz wusste, dass es Zeit war, weiterzugehen. Vielleicht war es das, was der Tod ihm bieten konnte: eine letzte Reise auf dem offenen Meer, weit weg von allem, was ihn je belastet hatte.

Und so ging der alte Fischer in eine andere Welt, getragen von den Wellen und dem sanften Wind. Die Sonne verschwand am Horizont, und das Boot trieb weiter, unaufhaltsam und friedlich, auf dem endlosen Meer.

The Last Voyage of the Old Boat

There was a strong wind in the morning when the old fisherman, Franz, pushed his boat off the dock. The sea lay calm, but the waves danced at irregular intervals, reminding him of the fickleness of life. Franz pushed his boat into the water and took his place at the helm. He pushed aside the old wooden oars he had often used in the last years. His hands were rough and his knuckles strong from work, but today they seemed weak.

Franz had known the sea since his childhood, but today it seemed foreign to him. Perhaps it was the dim morning sun shining through the clouds, or maybe it was the thought of the impending farewell that troubled him. It was the last voyage he would make, he told himself. Perhaps it was also the last voyage anyone from the village would see.

The boat was old, and the wood seemed to tell the stories of days gone by. He set the sails, though they did not move as smoothly as they once did. The wind, which had been strong earlier, had died down. Franz noticed but was too tired to be bothered. He just wanted to go out to sea, into the silence that had always soothed him.

As he left the coast behind, the world of people vanished. Only the sound of the water and the creaking of the boat remained. Franz knew it had been many years since he had last ventured this far. Back then, the sea was full of fish, full of hope. Now, in recent years, the sea had become barren. There were no fish anymore, or perhaps it was just the old eyes of an old man that could no longer see them.

He thought about his life, the years that lay behind him. The years of work, of pain, but also of small joys. He thought of the family he had lost, the friends who had long been dead. Franz had endured many hardships, but he had never given up. Now, at the end of his life, he wanted only to find peace. Perhaps he would find it on the open sea, far away from everything that had burdened him.

The sun was high in the sky when Franz brought his boat to rest. He took out the small bottle from his pocket that he had carried with him for years. It was a small piece of his past, a reminder of better times. He took a sip from the bottle and smiled. The memory of past days, of family voices, of the warmth of home, all seemed to come alive in this moment.

Franz lay down in the boat and closed his eyes. The wind had picked up again, and the boat began to gently rock. Franz could feel the gentle swaying that had often soothed him. Perhaps this was what he was searching for. Perhaps it was the tranquility he had always sought that now surrounded him.

The sky was slowly turning red as the sun began to set. Franz opened his eyes and looked at the water. It was like an endless carpet of silver stretching out before him. He knew it would soon be dark, and he felt a deep contentment. He had lived his life, done all he could. Now it was time to let go.

The old fisherman took a deep breath and closed his eyes again. The silence of the sea, the gentle rocking of the boat, all merged into one final, peaceful moment. Franz knew it was time to move on. Perhaps it was what death could offer him: a final journey on the open sea, far away from everything that had ever burdened him.

And so the old fisherman went to another world, carried by the waves and the gentle wind. The sun disappeared over the horizon, and the boat drifted on, unstoppable and peaceful, on the endless sea.

Das Schweigen der Berge

Die Sonne war noch nicht aufgegangen, als Anton seine Wanderstiefel schnürte. Die Morgendämmerung war blass, und das Tal lag in einem schlafenden Schweigen. Über ihm ragten die Berge wie stille Wächter auf, ihre Spitzen noch in Dunkelheit gehüllt. Anton atmete die kalte Luft ein, die frisch und schneidend war, und spürte das vertraute Ziehen in seinen Muskeln. Es war die letzte Wanderung, die er unternehmen würde, sagte er sich. Eine letzte Reise in die Einsamkeit der Berge.

Er hatte den Pfad oft begangen, in den vielen Jahren, die er hier verbracht hatte. Doch heute fühlte sich alles anders an. Die Felsen, die ihm einst vertraut gewesen waren, wirkten jetzt fremd. Die Bäume, die den Weg säumten, schienen stumm zu sein, als hätten sie ihre Geschichten längst erzählt und warteten nur noch auf das Ende. Anton machte sich auf den Weg, sein Blick fest auf den schmalen Pfad vor ihm gerichtet.

Die Wanderung war hart, wie er es erwartet hatte. Die Steigung war steil, und der Boden war uneben, übersät mit Steinen und Wurzeln, die wie Fallen aus der Erde ragten. Doch Anton ging weiter, Schritt für Schritt, seine Gedanken schweigend wie die Berge um ihn herum. Er dachte an nichts Bestimmtes, ließ die Erinnerungen an ihm vorbeiziehen wie die Wolken, die sich am Himmel sammelten.

Oben auf dem ersten Plateau hielt er an und schaute zurück. Das Tal lag weit unten, wie eine andere Welt, die er hinter sich gelassen hatte. Anton erinnerte sich daran, wie er als junger Mann hierher gekommen war, voller Tatendrang und Abenteuerlust. Die Berge waren damals eine Herausforderung gewesen, ein unbezwingbares Hindernis, das er überwinden wollte. Doch jetzt, nach all den Jahren, hatten sie ihre Bedeutung verändert. Sie waren nicht mehr der Feind, den es zu bezwingen galt, sondern die stille Begleitung eines langen Lebens.

Anton setzte seinen Weg fort, vorbei an Bächen, die wie silberne Fäden den Hang hinunterliefen, und durch Wälder, die im Morgengrauen wie ein endloses Labyrinth wirkten. Er spürte die Kälte in seinen Knochen, doch es war ihm gleich. Die Schmerzen in seinen Gelenken, das Gewicht der Jahre auf seinen Schultern – sie waren ihm vertraut, so wie das Knistern der Zweige unter seinen Füßen.

Als die Sonne endlich über den Gipfeln erschien, erreichte er die Hochebene. Der Wind war stärker hier oben, scharf und klar, und die Welt erstreckte sich vor ihm, endlos und leer. Anton setzte sich auf einen Felsen und ließ den Blick über die Landschaft schweifen. Es war still. Kein Laut störte die Ruhe, kein Geräusch durchbrach die Stille. Es war, als wären die Berge selbst in eine ewige Meditation versunken, unberührt von der Zeit.

Er dachte an das Leben, das er gelebt hatte. Die Entscheidungen, die er getroffen hatte, die Menschen, die er gekannt hatte. Es gab kein Bedauern, keine Reue. Nur eine tiefe, alles durchdringende Stille, die ihn umgab wie die Berge selbst. Anton schloss die

Augen und atmete tief ein. Der Duft von Harz und Erde erfüllte seine Lungen, und er spürte, wie die Kälte langsam nachließ, als die Sonne höher stieg.

Es war ein Abschied, aber nicht von den Bergen. Es war ein Abschied von einem Leben, das er hinter sich ließ. Ein Leben voller Arbeit, voller Kampf, aber auch voller einfacher Freuden. Anton wusste, dass er nicht zurückkehren würde. Dies war seine letzte Reise, und er würde sie allein beenden. Es gab nichts mehr zu sagen, nichts mehr zu tun. Die Berge verstanden ihn, wie sie ihn immer verstanden hatten.

Er stand auf und ging den letzten Weg zum Gipfel. Die Luft wurde dünner, jeder Atemzug war schwerer, doch Anton spürte eine seltsame Leichtigkeit in seinem Herzen. Als er den Gipfel erreichte, stand er still und sah hinaus über das Land, das sich vor ihm ausbreitete. Es war, als könnte er die Welt in ihrer gesamten Weite erfassen, als gäbe es keine Grenzen mehr, keine Hindernisse.

Der Himmel war klar, nur ein paar Wolken trieben langsam dahin. Anton setzte sich wieder und ließ sich in die Ruhe fallen. Die Sonne wärmte sein Gesicht, und der Wind trug die Kälte der letzten Nacht davon. In diesem Moment fühlte er sich eins mit der Welt, mit den Bergen, die ihn umgaben. Es war ein Gefühl des Friedens, wie er es noch nie zuvor erlebt hatte.

Anton wusste, dass er hier bleiben würde. Die Berge würden ihn aufnehmen, ihn in ihre Stille hüllen. Es gab keinen besseren Ort, um die letzte Reise anzutreten. Er schloss die Augen, und die Welt wurde still. Der Wind rauschte sanft, und die Berge flüsterten ihre alten Geheimnisse. Anton lächelte, als er sich von der Welt verabschiedete, und ließ die Stille ihn forttragen.

Die Sonne wanderte weiter über den Himmel, und der Tag neigte sich langsam seinem Ende zu. Die Schatten der Berge wurden länger, und die Kälte kehrte zurück. Doch Anton spürte sie nicht mehr. Er war fort, seine Seele war eins mit den Bergen, mit der Stille, die sie umgab. Und so blieb er dort, für immer ein Teil der Welt, die er so sehr geliebt hatte.

The Silence of the Mountains

The sun had not yet risen when Anton laced up his hiking boots. The dawn was pale, and the valley lay in a sleeping silence. Above him, the mountains loomed like silent guardians, their peaks still shrouded in darkness. Anton breathed in the cold air, fresh and biting, and felt the familiar pull in his muscles. It was the last hike he would undertake, he told himself. A final journey into the solitude of the mountains.

He had walked the path many times in the years he had spent here. But today, everything felt different. The rocks that had once been familiar now seemed foreign. The trees lining the path were silent, as if they had long since told their stories and were now waiting for the end. Anton set out, his gaze fixed on the narrow path ahead.

The hike was tough, as he had expected. The incline was steep, and the ground was uneven, strewn with rocks and roots that jutted out of the earth like traps. But Anton kept going, step by step, his thoughts as silent as the mountains around him. He thought of nothing in particular, letting memories pass by like the clouds gathering in the sky.

At the first plateau, he stopped and looked back. The valley lay far below, like another world he had left behind. Anton remembered how he had come here as a young man, full of energy and a thirst for adventure. The mountains had been a challenge then, an insurmountable obstacle he wanted to overcome. But now, after all these years, they had taken on a different meaning. They were no longer the enemy to be conquered but the silent companions of a long life.

Anton continued his way, past streams that ran down the slope like silver threads, and through forests that seemed like an endless labyrinth in the morning twilight. He felt the cold in his bones, but it didn't matter. The pain in his joints, the weight of the years on his shoulders—they were familiar, like the crunch of twigs under his feet.

When the sun finally appeared over the peaks, he reached the high plateau. The wind was stronger up here, sharp and clear, and the world stretched out before him, endless and empty. Anton sat down on a rock and let his gaze wander over the landscape. It was quiet. No sound disturbed the peace, no noise broke the silence. It was as if the mountains themselves were in an eternal meditation, untouched by time.

He thought about the life he had lived. The decisions he had made, the people he had known. There was no regret, no remorse. Only a deep, all-encompassing silence that surrounded him like the mountains themselves. Anton closed his eyes and took a deep breath. The scent of resin and earth filled his lungs, and he felt the cold slowly recede as the sun climbed higher.

It was a farewell, but not from the mountains. It was a farewell from a life he was leaving behind. A life full of work, full of struggle, but also full of simple joys. Anton knew he would not return. This was his final journey, and he would finish it alone.

There was nothing more to say, nothing more to do. The mountains understood him, as they always had.

He stood up and took the last path to the summit. The air grew thinner, each breath heavier, but Anton felt a strange lightness in his heart. When he reached the summit, he stood still and looked out over the land that stretched before him. It was as if he could grasp the world in its entirety, as if there were no more boundaries, no more obstacles.

The sky was clear, only a few clouds drifting slowly by. Anton sat down again and let himself fall into the silence. The sun warmed his face, and the wind carried away the chill of the previous night. In this moment, he felt at one with the world, with the mountains surrounding him. It was a feeling of peace, unlike anything he had ever experienced before.

Anton knew he would stay here. The mountains would take him in, envelop him in their silence. There was no better place to embark on the final journey. He closed his eyes, and the world became quiet. The wind gently whispered, and the mountains murmured their ancient secrets. Anton smiled as he said goodbye to the world and let the silence carry him away.

The sun continued its journey across the sky, and the day slowly came to an end. The shadows of the mountains grew longer, and the cold returned. But Anton no longer felt it. He was gone, his soul one with the mountains, with the silence that surrounded them. And so he remained there, forever a part of the world he had loved so dearly.

Ursulas Suche nach dem Glück

Ursula stand am Fenster ihres kleinen Hauses und blickte hinaus in den Garten. Die Sonne warf ein warmes, goldenes Licht auf die Wiese, wo das Gras sanft im Wind wiegte. Die Blumen, die sie vor Jahren gepflanzt hatte, blühten in leuchtenden Farben, doch ihre Schönheit schien heute fern. Ursula zog den Vorhang ein wenig zu und wandte sich ab.

Seit einiger Zeit hatte sie das Gefühl, dass ihr etwas fehlte. Sie konnte nicht genau sagen, was es war, doch das Gefühl war da, wie eine leise, immerwährende Melodie im Hintergrund ihres Lebens. Sie war zufrieden gewesen, das wusste sie. Ihr Leben war ruhig, ohne große Aufregungen, doch die Tage zogen vorbei, und mit ihnen das Gefühl, dass etwas nicht stimmte.

Ursula war nicht mehr jung, aber sie war auch noch nicht alt. Ihr Haar hatte erste graue Strähnen, und ihr Gesicht zeigte die ersten feinen Linien, die das Leben dort hinterlassen hatte. Sie lebte allein, seit ihr Mann vor vielen Jahren gestorben war, und sie hatte sich mit dieser Einsamkeit abgefunden. Doch in den letzten Monaten hatte sich etwas verändert. Eine Unruhe war in ihr gewachsen, ein Verlangen, das sie nicht ignorieren konnte.

An einem Sonntagmorgen, als der Herbst bereits begann, das Land in seine Farben zu hüllen, entschied Ursula, dass es Zeit war, etwas zu tun. Sie wusste nicht genau, wohin sie gehen würde oder was sie suchte, aber sie wusste, dass sie gehen musste. Sie zog ihren alten Mantel an, band ein Tuch um den Kopf und trat hinaus in die kühle Morgenluft.

Die Straßen des Dorfes waren still. Nur ein paar Menschen waren unterwegs, um ihre Erledigungen zu machen oder zur Kirche zu gehen. Ursula ging den Weg hinunter, den sie so oft gegangen war, und doch schien er heute neu zu sein. Die Häuser, die sie kannte, die Gärten, die sie gesehen hatte, alles schien in einem anderen Licht zu stehen. Es war, als hätte sich die Welt verändert, ohne dass sie es bemerkt hatte.

Sie wusste nicht, wo sie hingehen sollte, also folgte sie dem Weg, der aus dem Dorf hinausführte. Die Felder erstreckten sich vor ihr, endlos und leer, nur unterbrochen von ein paar Bäumen, die in der Ferne standen. Der Wind wehte sanft, und Ursula spürte, wie er die Kälte in ihrem Gesicht trug. Sie ging weiter, Schritt für Schritt, bis sie schließlich den Waldrand erreichte.

Der Wald war dunkel und still, doch Ursula zögerte nicht. Sie trat unter die Bäume, die ihre Äste wie schützende Hände über sie legten. Der Boden war weich unter ihren Füßen, bedeckt mit den ersten Blättern, die der Herbst fallen ließ. Ursula fühlte sich merkwürdig geborgen in dieser Stille, als ob der Wald sie willkommen hieße.

Sie ging tiefer hinein, bis sie an eine kleine Lichtung kam, die sie noch nie zuvor gesehen hatte. In der Mitte stand eine alte Bank, von Moos überwuchert und von den Jahren gezeichnet. Ursula setzte sich darauf und ließ den Blick über die Lichtung schweifen. Die Bäume standen still, und die einzigen Geräusche waren das Rauschen der Blätter und das entfernte Zwitschern eines Vogels.

Ursula schloss die Augen und atmete tief ein. Sie spürte den Duft des Waldes, das feuchte Holz, das Laub, und sie fühlte, wie die Unruhe, die sie in den letzten Monaten geplagt hatte, langsam nachließ. Es war, als ob der Wald ihr etwas sagen wollte, etwas, das sie verstehen musste.

Während sie dort saß, kamen die Erinnerungen zurück. Erinnerungen an ein Leben, das so lange hinter ihr lag, dass es ihr fast fremd erschien. Die Tage ihrer Jugend, die Liebe, die sie gefunden hatte, die Träume, die sie geträumt hatte. Alles war so weit entfernt, doch es war immer noch ein Teil von ihr, tief in ihrem Herzen verborgen.

Und dann, plötzlich, verstand sie. Es war nicht das Glück, das sie suchte, sondern die Ruhe, die Zufriedenheit mit dem, was war. Das Leben hatte ihr vieles genommen, aber es hatte ihr auch vieles gegeben. Die Unruhe, die sie gespürt hatte, war der Versuch, das Leben anders zu machen, als es war. Aber jetzt, in diesem Moment, erkannte Ursula, dass das Glück in der Annahme dessen lag, was war.

Sie öffnete die Augen und sah sich um. Der Wald, die Bäume, die Stille – alles war so, wie es sein sollte. Ursula stand auf, und als sie den ersten Schritt zurück zum Dorf machte, spürte sie, wie eine tiefe Zufriedenheit in ihr aufstieg. Es war kein überwältigendes Gefühl, sondern eine stille, beständige Freude, die sie erfüllte.

Auf dem Rückweg schien die Sonne heller zu scheinen, die Farben waren lebendiger, und Ursula fühlte sich leichter, als sie es seit langem getan hatte. Sie wusste, dass das Leben nicht immer einfach sein würde, dass es noch Tage geben würde, an denen die Unruhe zurückkehren könnte. Aber jetzt, in diesem Moment, wusste sie, dass sie das Glück gefunden hatte, nicht in dem, was sie noch erreichen könnte, sondern in dem, was sie bereits hatte.

Als Ursula wieder in ihr kleines Haus zurückkehrte, war das Gefühl des Fehlens verschwunden. Sie öffnete das Fenster, und die frische Luft strömte herein, füllte den Raum mit dem Duft des Herbstes. Sie setzte sich auf den Stuhl am Fenster und schaute hinaus in den Garten. Die Blumen blühten noch immer, und das Gras wogte sanft im Wind. Ursula lächelte.

Das Leben war gut, so wie es war. Es war nicht perfekt, es war nicht immer leicht, aber es war ihr Leben, und das war genug. Sie wusste jetzt, dass das Glück nicht irgendwo draußen in der Welt zu finden war, sondern in den kleinen Dingen, in den stillen Momenten, in der Annahme dessen, was ist. Ursula schloss die Augen, und ein Gefühl tiefer Zufriedenheit durchströmte sie.

Die Sonne sank langsam hinter den Bäumen, und der Tag neigte sich dem Ende zu. Ursula saß noch lange dort, bis die Dunkelheit hereinbrach, und sie wusste, dass sie das Glück gefunden hatte. Es war kein großes, überwältigendes Glück, sondern ein leises, stilles Glück, das tief in ihr verwurzelt war, wie die Wurzeln der Bäume im Wald.

Und so blieb sie dort, im Frieden mit sich selbst und der Welt, die sie umgab. Ursula hatte ihre Suche beendet, und in der Stille ihres Hauses fand sie die Ruhe, nach der sie so lange gesucht hatte. Das Leben war gut, und das war alles, was sie brauchte.

Ursula's Search for Happiness

Ursula stood at the window of her small house, looking out at the garden. The sun cast a warm, golden light on the lawn, where the grass swayed gently in the wind. The flowers she had planted years ago were blooming in vibrant colors, yet their beauty seemed distant today. Ursula pulled the curtain slightly closed and turned away.

For some time, she had felt that something was missing. She couldn't quite say what it was, but the feeling was there, like a quiet, ever-present melody in the background of her life. She had been content, she knew that. Her life was quiet, without much excitement, yet the days passed, and with them, the sense that something was amiss.

Ursula was not young anymore, but she was not old either. Her hair had the first gray strands, and her face showed the first fine lines left there by life. She had lived alone since her husband had died many years ago, and she had come to terms with this loneliness. But in recent months, something had changed. A restlessness had grown within her, a longing she could not ignore.

One Sunday morning, as autumn was already beginning to wrap the land in its colors, Ursula decided it was time to do something. She didn't know exactly where she would go or what she was looking for, but she knew she had to go. She put on her old coat, tied a scarf around her head, and stepped out into the cool morning air.

The streets of the village were quiet. Only a few people were out, running errands or going to church. Ursula walked down the path she had walked so often, yet it seemed new today. The houses she knew, the gardens she had seen, everything seemed to be bathed in a different light. It was as if the world had changed without her noticing.

She didn't know where she should go, so she followed the path that led out of the village. The fields stretched out before her, endless and empty, interrupted only by a few trees standing in the distance. The wind blew gently, and Ursula felt its coldness on her face. She walked on, step by step, until she finally reached the edge of the forest.

The forest was dark and still, yet Ursula did not hesitate. She stepped under the trees, which laid their branches over her like protective hands. The ground was soft under her feet, covered with the first leaves that autumn had let fall. Ursula felt strangely sheltered in this silence, as if the forest was welcoming her.

She walked deeper in until she came to a small clearing she had never seen before. In the middle stood an old bench, overgrown with moss and marked by the years. Ursula sat down on it and let her gaze wander over the clearing. The trees stood still, and the only sounds were the rustling of leaves and the distant chirping of a bird.

Ursula closed her eyes and took a deep breath. She smelled the scent of the forest, the damp wood, the foliage, and she felt the restlessness that had plagued her in recent months slowly subside. It was as if the forest was trying to tell her something, something she needed to understand.

As she sat there, the memories came back. Memories of a life that lay so far behind her that it almost seemed foreign. The days of her youth, the love she had found, the dreams she had dreamed. Everything was so far away, yet it was still a part of her, buried deep in her heart.

And then, suddenly, she understood. It was not happiness she was seeking, but peace, contentment with what was. Life had taken much from her, but it had also given her much. The restlessness she had felt was an attempt to make life different from what it was. But now, in this moment, Ursula realized that happiness lay in accepting what was.

She opened her eyes and looked around. The forest, the trees, the silence—everything was as it should be. Ursula stood up, and as she took the first step back towards the village, she felt a deep contentment rising within her. It was not an overwhelming feeling, but a quiet, steady joy that filled her.

On the way back, the sun seemed to shine brighter, the colors were more vivid, and Ursula felt lighter than she had in a long time. She knew that life would not always be easy, that there would still be days when the restlessness might return. But now, in this moment, she knew she had found happiness, not in what she might yet achieve, but in what she already had.

When Ursula returned to her small house, the feeling of something missing was gone. She opened the window, and the fresh air flowed in, filling the room with the scent of autumn. She sat down on the chair by the window and looked out at the garden. The flowers were still blooming, and the grass was swaying gently in the wind. Ursula smiled.

Life was good as it was. It was not perfect, it was not always easy, but it was her life, and that was enough. She now knew that happiness was not to be found out in the world but in the small things, in the quiet moments, in accepting what is. Ursula closed her eyes, and a deep sense of contentment washed over her.

The sun slowly sank behind the trees, and the day came to an end. Ursula sat there for a long time until the darkness set in, and she knew she had found happiness. It was not a grand, overwhelming happiness but a quiet, gentle happiness that was deeply rooted in her, like the roots of the trees in the forest.

And so she remained there, at peace with herself and the world around her. Ursula had ended her search, and in the stillness of her home, she found the calm she had been seeking for so long. Life was good, and that was all she needed.

Die Stille am Strand

<hr>

D er Strand lag still und verlassen im Morgenlicht. Das Meer rauschte leise, und die Wellen rollten sanft an den Uferstreifen. Am Horizont war der Himmel noch blass, das erste Licht der aufgehenden Sonne färbte die Wolken in einem zarten Rosa. Der Sand war kühl unter den Füßen, feucht von der Nacht, und die Luft trug einen salzigen Duft, der den Atem erfrischte.

Paul saß auf einem alten Holzstamm, der irgendwann vom Meer an Land gespült worden war, und starrte hinaus auf das Wasser. Seine Augen folgten den Wellen, die in einem endlosen Rhythmus kamen und gingen. Die Weite des Ozeans hatte etwas Beruhigendes, etwas, das ihm half, seine Gedanken zu ordnen, die sonst oft unruhig in seinem Kopf herumschwirrten.

Er hatte den Strand früh am Morgen aufgesucht, noch bevor die ersten Badegäste kamen, bevor das Leben mit all seiner Geschäftigkeit diesen Ort erreichte. Paul mochte diese Stunde, die Stille und Einsamkeit, die er in seinem Alltag selten fand. Hier konnte er nachdenken, allein mit dem Meer und dem Himmel, die ihm eine merkwürdige Form von Trost boten.

Er war vor einigen Tagen in dieses kleine Dorf am Meer gekommen, um eine Pause zu machen, um Abstand zu gewinnen von dem, was hinter ihm lag. Die Arbeit hatte ihn aufgerieben, und in den letzten Monaten war es immer schwerer geworden, die täglichen Verpflichtungen zu erfüllen. Alles hatte sich angehäuft, und irgendwann war er an einen Punkt gelangt, an dem er nicht mehr konnte.

Paul war kein Mann, der leicht aufgab. Er hatte immer gearbeitet, hatte immer versucht, das Beste aus allem zu machen, was das Leben ihm bot. Aber jetzt, in seinem mittleren Alter, hatte er das Gefühl, dass etwas in ihm gebrochen war. Die Energie, die ihn einst angetrieben hatte, war verschwunden, und er fühlte sich leer, ausgebrannt, als hätte das Leben ihn ausgehöhlt.

Der Entschluss, ans Meer zu fahren, war spontan gewesen. Er hatte alles hinter sich gelassen, hatte sich in sein Auto gesetzt und war einfach losgefahren, ohne Ziel, ohne Plan. Das kleine Dorf, in dem er schließlich gelandet war, hatte ihn angezogen, vielleicht wegen seiner Abgeschiedenheit, wegen der Ruhe, die es versprach. Und der Strand, dieser einsame, stille Strand, hatte ihm sofort gefallen.

Die Tage hier waren einfach gewesen. Paul hatte nichts getan, außer zu schlafen, zu essen und am Strand zu sitzen. Manchmal ging er ins Dorf, um ein paar Lebensmittel zu kaufen, um ein Gespräch mit den wenigen Einheimischen zu führen, die ihm freundlich begegneten, aber das war alles. Die Menschen hier kannten ihn nicht, wussten nichts von seiner Vergangenheit, und das war gut so. Er wollte nicht reden, nicht erklären, er wollte nur hier sein, allein mit dem Meer.

An diesem Morgen war die Stille fast greifbar. Paul konnte das Knistern der Muscheln im Sand hören, das leise Plätschern der Wellen, das Flüstern des Windes, der durch die Dünen wehte.

Es war eine Stille, die nicht unangenehm war, sondern friedlich, beruhigend. Sie drang tief in ihn ein, löste die Spannung in seinen Schultern, die Knoten in seinem Magen.

Er dachte an sein Leben zurück, an die Jahre, die hinter ihm lagen. Es war nicht schlecht gewesen, nicht immer leicht, aber auch nicht schlecht. Er hatte gearbeitet, hatte eine Familie gegründet, hatte versucht, alles richtig zu machen. Doch irgendetwas war auf dem Weg verloren gegangen, etwas Wesentliches, das er nicht benennen konnte. Die Tage waren vergangen, einer nach dem anderen, und irgendwann hatte er gemerkt, dass er nur noch funktionierte, ohne wirklich zu leben.

Der Gedanke, alles hinter sich zu lassen, war immer wieder in ihm aufgetaucht, aber er hatte ihn verdrängt. Man lässt nicht einfach alles hinter sich, hatte er sich gesagt. Man muss weitermachen, für die anderen, für sich selbst. Doch jetzt, hier am Strand, wo das Meer endlos vor ihm lag, wo der Himmel weit und offen war, begann Paul zu verstehen, dass es vielleicht doch möglich war, einen anderen Weg zu gehen.

Er erinnerte sich an die Geschichten, die er als Kind gelesen hatte, von Männern, die aufs Meer hinausgesegelt waren, um ein neues Leben zu beginnen, die ihre Vergangenheit hinter sich gelassen hatten, um frei zu sein. Damals hatten ihn diese Geschichten fasziniert, sie hatten in ihm eine Sehnsucht geweckt, die er später vergessen hatte, als das Leben seine eigenen Forderungen stellte.

Doch diese Sehnsucht war nie ganz verschwunden. Sie hatte in ihm geschlummert, hatte gewartet, bis der Moment gekommen war, um wieder aufzutauchen. Und jetzt, in dieser stillen Stunde am Strand, spürte Paul, dass der Moment vielleicht gekommen war.

Er stand auf, schüttelte den Sand von seinen Händen und ging langsam am Ufer entlang. Das Wasser war kalt, aber er spürte es kaum. Seine Gedanken waren weit weg, hinausgetragen auf den Wellen, die vor ihm her rollten. Er dachte an all das, was er hätte tun können, an die Entscheidungen, die er nicht getroffen hatte, an die Wege, die er nicht gegangen war.

Doch anstatt der üblichen Bitterkeit spürte er eine merkwürdige Ruhe. Es war, als ob das Meer ihm sagte, dass es in Ordnung war, dass es keine Rolle spielte, was gewesen war. Die Vergangenheit war vorbei, und das einzige, was zählte, war das Hier und Jetzt. Paul blieb stehen, schaute hinaus auf das Wasser und atmete tief ein. Die frische, salzige Luft füllte seine Lungen, klärte seinen Kopf.

Vielleicht war es das, was er gebraucht hatte – nicht die Antworten, sondern die Möglichkeit, die Fragen loszulassen. Hier, am Strand, schien alles einfacher, klarer. Die Komplexität des Lebens, die ihn so lange überwältigt hatte, löste sich auf, wurde unwichtig. Es gab nur noch das Meer, den Himmel und den Sand unter seinen Füßen.

Paul wusste nicht, was er tun würde, wenn er von hier weg ging. Er hatte keinen Plan, keine Ziele, aber zum ersten Mal seit langer Zeit störte ihn das nicht. Die Freiheit, die er hier spürte, war genug, um ihn durch den Tag zu tragen. Der Rest würde sich zeigen, wenn es soweit war.

Die Sonne stieg höher am Himmel, die ersten Vögel begannen zu singen, und in der Ferne konnte Paul die Umrisse eines Fischerbootes erkennen, das auf dem Meer trieb. Es war ein einfaches Bild, aber es erfüllte ihn mit einer stillen Freude, die er lange nicht mehr gespürt hatte.

Er ging weiter, die Gedanken still in seinem Kopf, und der Strand lag friedlich vor ihm, leer und endlos, wie das Leben, das noch vor ihm lag.

The Stillness at the Beach

The beach lay still and deserted in the morning light. The sea murmured softly, and the waves rolled gently onto the shoreline. On the horizon, the sky was still pale, the first light of the rising sun painting the clouds in a delicate pink. The sand was cool underfoot, damp from the night, and the air carried a salty scent that refreshed the breath.

Paul sat on an old log, once washed ashore by the sea, and stared out at the water. His eyes followed the waves, which came and went in an endless rhythm. The vastness of the ocean had something soothing, something that helped him organize his thoughts, which otherwise often buzzed restlessly in his mind.

He had come to the beach early in the morning, before the first bathers arrived, before the bustle of life reached this place. Paul liked this hour, the silence and solitude that he rarely found in his daily life. Here, he could think, alone with the sea and the sky, which offered him a strange form of comfort.

He had come to this small seaside village a few days ago to take a break, to distance himself from what lay behind him. The work had worn him out, and in recent months it had become increasingly difficult to meet daily obligations. Everything had piled up, and at some point, he had reached a point where he could no longer cope.

Paul was not a man who gave up easily. He had always worked, always tried to make the best of everything life offered him. But now, in his middle age, he felt that something inside him had broken. The energy that once drove him had disappeared, and he felt empty, burned out, as if life had hollowed him out.

The decision to go to the sea had been spontaneous. He had left everything behind, got into his car, and just driven off, without a destination, without a plan. The small village where he eventually ended up had attracted him, perhaps because of its seclusion, because of the tranquility it promised. And the beach, this lonely, quiet beach, had immediately appealed to him.

The days here had been simple. Paul had done nothing but sleep, eat, and sit on the beach. Sometimes he went to the village to buy some groceries, to have a conversation with the few locals who greeted him kindly, but that was all. The people here didn't know him, knew nothing of his past, and that was fine. He didn't want to talk, didn't want to explain; he just wanted to be here, alone with the sea.

This morning, the stillness was almost palpable. Paul could hear the crackling of shells in the sand, the gentle lapping of the waves, the whisper of the wind blowing through the dunes. It was a stillness that was not uncomfortable but peaceful, soothing. It penetrated deep into him, loosening the tension in his shoulders, the knots in his stomach.

He thought back on his life, on the years that lay behind him. It hadn't been bad, not always easy, but not bad either. He had worked, had started a family, had tried to do everything right.

But something had been lost along the way, something essential that he couldn't name. The days had passed, one after the other, and eventually, he had realized that he was just functioning, without really living.

The thought of leaving everything behind had crossed his mind repeatedly, but he had pushed it away. You don't just leave everything behind, he had told himself. You have to keep going, for others, for yourself. But now, here on the beach, where the sea stretched endlessly before him, where the sky was wide and open, Paul began to understand that it might be possible to take a different path.

He remembered the stories he had read as a child, of men who had sailed out to sea to start a new life, who had left their past behind to be free. Those stories had fascinated him back then, had awakened a longing in him that he later forgot when life made its own demands.

But that longing had never completely disappeared. It had slumbered within him, waiting for the moment to resurface. And now, in this quiet hour on the beach, Paul felt that the moment might have come.

He stood up, shook the sand from his hands, and slowly walked along the shore. The water was cold, but he hardly felt it. His thoughts were far away, carried out on the waves that rolled ahead of him. He thought of all the things he could have done, of the decisions he hadn't made, of the paths he hadn't taken.

But instead of the usual bitterness, he felt a strange calm. It was as if the sea was telling him that it was okay, that it didn't matter what had been. The past was over, and the only thing that mattered was the here and now. Paul stopped, looked out at the water, and took a deep breath. The fresh, salty air filled his lungs, clearing his head.

Maybe that was what he had needed—not the answers, but the ability to let go of the questions. Here on the beach, everything seemed simpler, clearer. The complexity of life, which had overwhelmed him for so long, dissolved, became unimportant. There was only the sea, the sky, and the sand under his feet.

Paul didn't know what he would do when he left this place. He had no plan, no goals, but for the first time in a long time, that didn't bother him. The freedom he felt here was enough to carry him through the day. The rest would unfold in time.

The sun rose higher in the sky, the first birds began to sing, and in the distance, Paul could make out the outline of a fishing boat drifting on the sea. It was a simple image, but it filled him with a quiet joy that he hadn't felt in a long time.

He continued walking, his thoughts quiet in his head, and the beach lay peacefully before him, empty and endless, like the life that still lay ahead.

Der letzte Fund

Die Sonne brannte unerbittlich auf den Wüstensand, und der Himmel erstreckte sich in einem endlosen, blauen Bogen über der kahlen Landschaft. Dr. Karl Steiner wischte sich den Schweiß von der Stirn und hob die Feldflasche an seine Lippen. Das Wasser war warm und schmeckte nach Metall, aber es war besser als nichts. Seit Wochen gruben sie hier, in dieser abgelegenen Ecke des Niltals, auf der Suche nach einem Fund, der alles verändern könnte.

Steiner war ein erfahrener Archäologe, einer, der schon vieles gesehen hatte. Er hatte die Tiefen ägyptischer Gräber durchquert, alte Zivilisationen in Südamerika erkundet und die verborgenen Geheimnisse Europas ausgegraben. Doch nichts hatte ihn auf das vorbereitet, was ihn hier erwartete. Es war sein letzter großer Auftrag, das wusste er. Seine Hände, gezeichnet von der Zeit und harter Arbeit, waren nicht mehr so ruhig wie einst, und sein Geist war oft müde. Aber etwas in ihm hatte diesen Auftrag angenommen, eine letzte Suche nach etwas Bedeutendem, etwas, das er der Welt hinterlassen konnte.

Die Grabungsstelle war unscheinbar, ein kleiner Hügel, der sich kaum von der umliegenden Wüste abhob. Doch die alten Berichte, die er in den Archiven von Kairo entdeckt hatte, sprachen von einem verlorenen Grab, einem Ort, den die Zeit vergessen hatte. Die meisten seiner Kollegen hatten ihn ausgelacht, als er ihnen davon erzählte, hatten es als einen

Hirngespinst eines alten Mannes abgetan. Aber Steiner hatte den Funken in sich gespürt, dieses Gefühl, das ihm sagte, dass er recht hatte.

Nun war er hier, zusammen mit einem kleinen Team von Arbeitern, die ihm halfen, den Wüstensand zu durchdringen. Die Tage waren lang und mühsam, die Nächte kalt und still. Steiner verbrachte die Abende in seinem Zelt, über alten Karten und Skizzen gebeugt, auf der Suche nach Hinweisen, die ihm den Weg weisen könnten. Die Stille der Wüste war absolut, nur gelegentlich durch das Heulen des Windes unterbrochen, der durch die Schluchten der nahen Berge fegte.

Eines Abends, als die Sonne sich langsam hinter dem Horizont versteckte, erschien einer der Arbeiter an der Öffnung seines Zeltes. Sein Gesicht war von Staub bedeckt, seine Augen leuchteten.

„Doktor, wir haben etwas gefunden."

Steiner sprang auf, seine Müdigkeit verflog augenblicklich. Er folgte dem Mann durch das Lager, über den unebenen Boden, bis sie an der Grabungsstelle ankamen. Die anderen Arbeiter standen bereits um ein Loch, das sie in den Sand gegraben hatten, und starrten gebannt nach unten. Steiner beugte sich über die Kante und sah etwas, das ihm den Atem nahm.

Unter dem Sand war ein Eingang sichtbar geworden, eine steinerne Tür, die in den Felsen gehauen war. Sie war groß und schwer, mit seltsamen, in den Stein gravierten Symbolen, die er nicht sofort erkennen konnte. Es war nicht das Werk der Pharaonen, dessen war er sich sicher. Die Inschriften waren anders, primitiver, aber dennoch von einer seltsamen Eleganz, die ihn faszinierte.

Steiner kniete sich nieder und strich mit den Fingern über die Symbole. Sie waren alt, viel älter als alles, was er bisher gesehen hatte. Ein Schauer lief ihm über den Rücken, als er die Bedeutung dessen begriff, was sie gefunden hatten. Dies war nicht nur ein Grab, es war ein Heiligtum, ein Ort, der seit Tausenden von Jahren unberührt geblieben war.

Die Arbeiter standen still um ihn herum, warteten auf seine Anweisungen. Er wusste, dass sie Angst hatten, doch in ihren Augen konnte er auch Neugier erkennen. Steiner holte tief Luft und gab das Kommando, die Tür zu öffnen.

Es dauerte Stunden, die schweren Steine zu bewegen, doch schließlich gaben sie nach, und die Tür öffnete sich knarrend in die Dunkelheit. Ein fauliger Geruch schlug ihnen entgegen, und die Luft war dick und schwer, als wäre sie seit Ewigkeiten eingeschlossen gewesen. Steiner zündete eine Fackel an und trat als Erster über die Schwelle.

Der Raum dahinter war größer, als er erwartet hatte. Die Flammen der Fackel warfen lange Schatten auf die Wände, die mit Malereien und weiteren Inschriften bedeckt waren. Es war eine Geschichte, die sich hier offenbarte, eine Erzählung aus einer Zeit, die lange vor der ägyptischen Hochkultur lag. Steiner ging langsam durch den Raum, betrachtete die Bilder, die eine seltsame Mischung aus Mensch und Tier darstellten, Wesen, die er nie zuvor gesehen hatte.

In der Mitte des Raumes stand ein Altar, aus einem einzigen Stück schwarzen Steins gehauen. Darauf lag eine hölzerne Truhe, verziert mit goldenen Symbolen, die im Licht der Fackel glitzerten. Steiner blieb stehen, sein Herz schlug schneller. Dies war der Moment, auf den er gewartet hatte. Die Truhe sah unversehrt aus, die Siegel, die sie verschlossen hielten, waren noch intakt.

Mit zitternden Händen griff er nach einem Werkzeug und begann, die Siegel zu lösen. Die Arbeiter traten unruhig von einem Fuß auf den anderen, doch keiner wagte es, ein Wort zu sagen. Schließlich, nach einer gefühlten Ewigkeit, öffnete sich die Truhe mit einem leisen Knarren. Steiner beugte sich vor und leuchtete mit der Fackel hinein.

Was er sah, ließ ihn erstarren. In der Truhe lag ein uralter, verwitterter Schriftroll, daneben ein kleiner, kunstvoll gearbeiteter Dolch und eine seltsame Figur aus einem dunklen Metall, die ein Tier darstellte, das er nicht kannte. Doch es war der Schriftroll, der seine Aufmerksamkeit fesselte.

Mit größter Vorsicht nahm er ihn heraus und entrollte ihn auf dem Altar. Die Zeichen darauf waren alt, vielleicht die ältesten, die je gefunden wurden. Sie erzählten von einer Zeit, die in Vergessenheit geraten war, von einer Zivilisation, die lange vor den Pharaonen existiert hatte. Steiner konnte nicht alles lesen, aber das, was er verstand, ließ ihm das Blut in den Adern gefrieren.

Es war eine Warnung, eine Prophezeiung, die von einem großen Unglück sprach, das die Welt heimsuchen würde, wenn diese

Stätte je gestört würde. Steiner schaute auf die Symbole, die so fremd und doch so eindringlich wirkten, und spürte eine tiefe Unruhe in sich aufsteigen. Er wusste, dass es nur eine Legende war, eine Geschichte aus längst vergangener Zeit, aber dennoch konnte er das Gefühl nicht abschütteln, dass sie etwas Wahres enthielt.

Die Arbeiter beobachteten ihn nervös, und Steiner spürte ihre Blicke auf sich. Sie waren einfache Männer, die an die alten Legenden glaubten, und er wusste, dass sie die Stätte am liebsten sofort verlassen würden. Doch er konnte nicht anders, er musste weiterforschen, musste herausfinden, was hinter diesen Zeichen steckte.

In den folgenden Tagen arbeitete er unermüdlich, entdeckte weitere Kammern, die tiefer in den Felsen führten, voll von Artefakten, die noch nie ein Mensch gesehen hatte. Doch je tiefer er grub, desto mehr spürte er, wie sich eine düstere Stimmung über das Lager legte. Die Arbeiter wurden unruhiger, und einige von ihnen weigerten sich schließlich, weiter in die Grabstätte hinabzusteigen.

Eines Nachts, als Steiner allein in der tiefsten Kammer arbeitete, hörte er plötzlich ein Geräusch hinter sich. Er drehte sich um, doch da war nichts. Nur die Dunkelheit, die ihn umgab, und das leise Tropfen von Wasser, das von den Wänden sickerte. Doch das Gefühl, beobachtet zu werden, ließ ihn nicht los. Er versuchte, sich auf die Arbeit zu konzentrieren, aber die Unruhe in ihm wuchs.

Dann, plötzlich, erlosch seine Fackel. Steiner stand in völliger Dunkelheit, das Herz schlug ihm bis zum Hals. Er konnte die Umrisse der Kammer nicht mehr erkennen, war völlig auf seine Sinne angewiesen. Mit zitternden Händen versuchte er, die Fackel wieder zu entzünden, doch seine Finger wollten nicht gehorchen. Panik stieg in ihm auf, doch er zwang sich zur Ruhe.

Schließlich flackerte die Fackel wieder auf, und für einen Moment glaubte er, in der Ecke der Kammer eine Bewegung zu sehen, einen Schatten, der sich vom Felsen löste und auf ihn zukam. Doch als er genauer hinsah, war da nichts. Nur die Wände, die mit den alten Zeichen bedeckt waren, und die Stille, die sich wieder über den Raum legte.

Am nächsten Morgen fand man ihn draußen im Sand, weit entfernt von der Grabungsstelle, in die Wüste hinaus gestolpert. Seine Hände waren blutig, seine Kleidung zerrissen, und in seinen Augen lag ein Ausdruck des Schreckens, den keiner der Arbeiter je vergessen würde. Steiner sprach kein Wort mehr über das, was in der Kammer geschehen war, über das, was er dort unten gesehen hatte.

Er packte seine Sachen, verließ das Lager und kehrte nie wieder zurück. Die Grabstätte wurde verschlossen, versiegelt für alle Zeit, und die Arbeiter, die zurückblieben, erzählten sich flüsternd die Geschichte von dem alten Archäologen, der zu tief in die Geheimnisse der Vergangenheit eingedrungen war.

Steiner kehrte nach Europa zurück, zog sich in ein kleines Dorf in den Alpen zurück, wo er den Rest seiner Tage in Stille verbrachte. Er sprach nie wieder über die Expedition, verbrannte alle Aufzeichnungen, die er darüber gemacht hatte. Doch in den Nächten, wenn der Wind durch die Täler heulte, konnte man manchmal sehen, wie er am Fenster saß, den Blick in die Ferne gerichtet, als würde er etwas erwarten, das aus der Dunkelheit der Vergangenheit zurückkehrte.

The Last Discovery

The sun beat relentlessly down on the desert sand, and the sky stretched out in an endless blue arc over the barren landscape. Dr. Karl Steiner wiped the sweat from his forehead and lifted the canteen to his lips. The water was warm and tasted metallic, but it was better than nothing. For weeks, they had been digging here, in this remote corner of the Nile Valley, searching for a find that could change everything.

Steiner was an experienced archaeologist, one who had seen much. He had traversed the depths of Egyptian tombs, explored ancient civilizations in South America, and unearthed the hidden secrets of Europe. Yet nothing had prepared him for what awaited him here. It was his last major assignment; he knew that. His hands, marked by time and hard work, were no longer as steady as they once were, and his mind was often weary. But something within him had accepted this assignment, a final search for something meaningful, something he could leave behind for the world.

The excavation site was unremarkable, a small hill barely distinguishable from the surrounding desert. But the old reports he had discovered in the archives of Cairo spoke of a lost tomb, a place forgotten by time. Most of his colleagues had laughed at him when he told them about it, dismissing it as the delusion of an old man. But Steiner had felt a spark within him, that feeling that told him he was right.

Now he was here, along with a small team of workers helping him penetrate the desert sand. The days were long and arduous, the nights cold and silent. Steiner spent the evenings in his tent, bent over old maps and sketches, searching for clues that might guide him. The silence of the desert was absolute, interrupted only occasionally by the howling wind sweeping through the gorges of the nearby mountains.

One evening, as the sun slowly disappeared behind the horizon, one of the workers appeared at the entrance of his tent. His face was covered in dust, his eyes shining.

"Doctor, we found something."

Steiner jumped up, his weariness evaporating instantly. He followed the man through the camp, over the uneven ground, until they reached the excavation site. The other workers were already standing around a hole they had dug in the sand, staring down intently. Steiner leaned over the edge and saw something that took his breath away.

Beneath the sand, an entrance had become visible, a stone door carved into the rock. It was large and heavy, with strange symbols etched into the stone that he could not immediately recognize. It was not the work of the Pharaohs, of that he was certain. The inscriptions were different, more primitive, yet possessed a strange elegance that fascinated him.

Steiner knelt down and ran his fingers over the symbols. They were old, much older than anything he had seen before. A shiver ran down his spine as he realized the significance of what they had found. This was not just a tomb; it was a sanctuary, a place that had remained untouched for thousands of years.

The workers stood silently around him, waiting for his instructions. He knew they were afraid, but he could also see curiosity in their eyes. Steiner took a deep breath and gave the order to open the door.

It took hours to move the heavy stones, but eventually, they gave way, and the door creaked open into the darkness. A foul smell hit them, and the air was thick and heavy as if it had been trapped for ages. Steiner lit a torch and was the first to step over the threshold.

The room beyond was larger than he had expected. The flames of the torch cast long shadows on the walls, which were covered with paintings and more inscriptions. It was a story that revealed itself here, a tale from a time long before the rise of Egyptian civilization. Steiner walked slowly through the room, examining the images, which depicted a strange mix of human and animal figures, creatures he had never seen before.

In the center of the room stood an altar, carved from a single piece of black stone. Upon it lay a wooden chest, adorned with golden symbols that glittered in the torchlight. Steiner stopped, his heart pounding. This was the moment he had been waiting for. The chest appeared intact, the seals that kept it closed were still unbroken.

With trembling hands, he took a tool and began to loosen the seals. The workers shifted nervously, but none dared to speak a word. Finally, after what felt like an eternity, the chest opened with a soft creak. Steiner leaned forward and shone the torch inside.

What he saw made him freeze. Inside the chest lay an ancient, weathered scroll, next to a small, intricately crafted dagger and a strange figurine made of dark metal, depicting an animal he did not recognize. But it was the scroll that held his attention.

With the utmost care, he took it out and unrolled it on the altar. The symbols on it were ancient, perhaps the oldest ever found. They spoke of a time long forgotten, of a civilization that had existed long before the Pharaohs. Steiner could not read everything, but what he understood made his blood run cold.

It was a warning, a prophecy that spoke of a great calamity that would befall the world if this place were ever disturbed. Steiner stared at the symbols, so foreign yet so haunting, and felt a deep unease rising within him. He knew it was just a legend, a story from a bygone era, but he could not shake the feeling that there was some truth to it.

The workers watched him nervously, and Steiner could feel their eyes on him. They were simple men who believed in the old legends, and he knew they would prefer to leave the site immediately. But he could not help himself; he had to continue, had to find out what lay behind these symbols.

In the following days, he worked tirelessly, discovering more chambers that led deeper into the rock, filled with artifacts that no human had ever seen. But the deeper he dug, the more he felt a dark mood settling over the camp. The workers grew more restless, and some eventually refused to descend further into the tomb.

One night, as Steiner worked alone in the deepest chamber, he suddenly heard a noise behind him. He turned around, but there was nothing. Only the darkness that surrounded him and the faint dripping of water seeping from the walls. Yet the feeling of being watched would not leave him. He tried to focus on his work, but the unease within him grew.

Then, suddenly, his torch went out. Steiner stood in total darkness, his heart pounding in his throat. He could no longer make out the outlines of the chamber, relying entirely on his senses. With trembling hands, he tried to relight the torch, but his fingers would not obey. Panic rose within him, but he forced himself to stay calm.

Finally, the torch flickered back to life, and for a moment, he thought he saw movement in the corner of the chamber, a shadow detaching itself from the rock and coming toward him. But when he looked more closely, there was nothing. Only the walls, covered with the ancient symbols, and the silence that once again enveloped the room.

The next morning, they found him outside in the sand, far from the excavation site, having stumbled out into the desert. His hands were bloody, his clothes torn, and there was a look of terror in his eyes that none of the workers would ever forget. Steiner never spoke another word about what had happened in the chamber, about what he had seen down there.

He packed his things, left the camp, and never returned. The tomb was sealed, locked away for all time, and the workers who remained whispered stories of the old archaeologist who had dug too deep into the secrets of the past.

Steiner returned to Europe, retreating to a small village in the Alps, where he spent the rest of his days in silence. He never spoke of the expedition again, burning all the records he had made of it. Yet in the nights, when the wind howled through the valleys, one could sometimes see him sitting by the window, his gaze fixed on the distance, as if expecting something to return from the darkness of the past.

Der Flug der Stille

Der Regen prasselte gegen die großen Glasfenster des Flughafens, verwischte die Lichter der startenden und landenden Flugzeuge zu einem unruhigen Schimmer. Die Menschen hasteten mit gesenkten Köpfen durch die Hallen, Schutz suchend vor der Kälte und Nässe draußen. Drinnen war es warm, die Luft erfüllt von den Geräuschen der Ankündigungen, Gesprächen und dem ständigen Rollen von Koffern über den Boden.

Paul saß auf einer der harten Plastikbänke in der Wartehalle und sah aus dem Fenster. Sein Flug war verspätet, wie so viele an diesem Abend, und er wusste nicht, wie lange er noch hier bleiben würde. Die Stunden zogen sich hin, und das Unbehagen wuchs. Es war eine seltsame Zeit, so zwischen den Welten, in der Ungewissheit gefangen.

Er hatte sich auf diesen Flug vorbereitet, sich in Gedanken ausgemalt, wie es sein würde, wenn er endlich ankäme. Doch nun schien alles so weit weg, als ob das Ziel am anderen Ende der Welt lag. Paul rieb sich die Augen, versuchte die Müdigkeit zu vertreiben, die sich langsam in ihm ausbreitete. Die Kälte des Betons unter seinen Füßen kroch ihm in die Knochen, und er zog die Jacke fester um sich.

Die Lautsprecherdurchsagen kamen in regelmäßigen Abständen, immer wieder die gleichen Floskeln: „Der Flug nach Berlin ist um eine Stunde verspätet", „Passagiere des Fluges nach

Rom werden gebeten, sich zum Gate B23 zu begeben". Paul hörte kaum hin. Die Worte verschwammen zu einem monotonen Rauschen in seinem Kopf.

Neben ihm saß ein älterer Mann mit einem grauen Hut, die Hände auf einen Gehstock gestützt. Er hatte ihn schon bei seiner Ankunft bemerkt, doch bisher hatten sie kein Wort miteinander gewechselt. Der Mann war ein Teil der Umgebung geworden, eine der vielen Gestalten, die den Flughafen bevölkerten und darauf warteten, weiterzukommen. Oder darauf, dass etwas passierte, was sie aus ihrer Starre befreite.

„Warten Sie auch schon lange?", fragte der Mann plötzlich, ohne den Blick von den ankommenden Fliegern abzuwenden.

Paul zuckte leicht zusammen, drehte sich dann zu ihm. „Ja, schon eine Weile", antwortete er. „Es scheint heute alles verspätet zu sein."

Der Mann nickte langsam, als ob er das erwartet hätte. „Das Warten, das ist das Schlimmste", sagte er mit einer rauen Stimme, die nach vielen Jahren des Rauchens klang. „Man weiß nie, wie lange es noch dauert, oder ob man jemals ankommt."

Paul sah den Mann an, versuchte, in seinen Worten etwas mehr als nur die offensichtliche Bedeutung zu erkennen. „Fliegen Sie oft?", fragte er, ohne wirkliches Interesse an der Antwort, mehr, um die Stille zu durchbrechen.

„Früher ja, jetzt nicht mehr so oft", antwortete der Mann. „Es wird anstrengender mit dem Alter. Aber ich habe jemanden besucht, den ich lange nicht gesehen habe. Man muss die Gelegenheiten nutzen, solange man noch kann."

Paul nickte, wusste aber nicht, was er darauf erwidern sollte. Er fühlte sich gefangen in dieser kurzen Begegnung, die nichts bedeutete und doch mehr sagte, als er verstehen wollte.

Die Zeit schien stehen zu bleiben, als sie beide wieder in Schweigen verfielen. Der Regen draußen wurde stärker, die Tropfen peitschten gegen das Glas, als wollten sie ins Innere des Gebäudes dringen und den sicheren Hafen der Wartenden stören. Paul sah auf seine Uhr. Noch eine Stunde bis zum Abflug, wenn es denn dabei blieb.

Er dachte an Maria, die am anderen Ende des Fluges auf ihn warten würde. Es war eine lange Zeit vergangen, seit sie sich das letzte Mal gesehen hatten. Zu lange, vielleicht. Paul war sich nicht sicher, ob es noch dieselben Gefühle waren, die sie einst verbunden hatten, oder ob die Zeit und die Distanz das Band zwischen ihnen gelockert hatten.

Es war seine Entscheidung gewesen, nach Europa zu gehen, ein neues Leben zu beginnen, weit weg von der Enge seiner Heimatstadt und den Erwartungen, die ihn dort erdrückten. Maria hatte gesagt, sie verstehe das, sie unterstütze ihn, doch er wusste, dass es sie verletzte. Sie hatten sich Briefe geschrieben, telefoniert, aber es war nicht dasselbe gewesen. Und nun kehrte er zurück, nicht als der Mann, der er damals gewesen war, sondern als jemand Fremdes, mit neuen Erfahrungen und einer anderen Sicht auf die Welt.

„Sind Sie auch auf dem Weg zu jemandem?", fragte der Mann plötzlich, als ob er Pauls Gedanken gelesen hätte.

„Ja", antwortete Paul nach kurzem Zögern. „Ich besuche jemanden, den ich lange nicht gesehen habe."

Der Mann lächelte schwach, seine Augen verloren in der Erinnerung. „Die Zeit verändert die Dinge", sagte er leise. „Aber manchmal ist es das Warten wert."

Paul wusste nicht, ob der Mann recht hatte. Er wollte es glauben, klammerte sich an den Gedanken, dass es vielleicht noch Hoffnung gab, dass er und Maria dort weitermachen könnten, wo sie aufgehört hatten. Aber tief in ihm nagte die Unsicherheit. Was, wenn sie ihn nicht mehr so empfand wie früher? Was, wenn er sie nicht mehr so empfand?

Die Lautsprecherstimme hallte wieder durch die Halle, kündigte eine weitere Verspätung an. Paul seufzte leise, legte den Kopf gegen die kühle Glaswand hinter ihm und schloss die Augen. Der Flughafen war voll von Menschen, doch er fühlte sich einsam, abgeschnitten von allen, die ihn umgaben.

Er dachte an die letzten Monate in Europa, an die Städte, die er gesehen hatte, die Menschen, die er getroffen hatte. Es war eine gute Zeit gewesen, aufregend und neu, aber jetzt, wo er zurückblickte, schien alles so weit weg. Nur die Bilder blieben, festgehalten auf Fotos, die in einem Album verstauben würden. Doch was war all das wert, wenn er nicht mehr wusste, wo er hingehörte?

„Manchmal", sagte der Mann leise, als ob er wieder Pauls Gedanken las, „vergeht die Zeit, und man merkt es nicht, bis sie plötzlich verschwunden ist. Dann bleibt nur die Erinnerung."

Paul öffnete die Augen und sah den alten Mann an. „Und was macht man dann?", fragte er.

Der Mann zuckte mit den Schultern. „Man lebt weiter", sagte er schlicht. „Was sonst?"

Paul nickte langsam. Es war eine einfache Antwort, und doch so schwer zu akzeptieren. Er dachte daran, wie es sein würde, wenn er Maria wieder in die Augen sah, nach all der Zeit. Er wusste nicht, ob er die richtigen Worte finden würde, ob sie die richtigen Worte finden würde. Aber der Flug war gebucht, der Weg zurück stand fest. Es gab kein Zurück mehr.

Die Zeit verging quälend langsam. Paul beobachtete, wie die Menschen um ihn herum kamen und gingen, wie die Uhrzeiger sich unbarmherzig vorwärts schoben. Der alte Mann neben ihm war eingeschlafen, der Hut tief ins Gesicht gezogen, der Gehstock fest umklammert. Paul fragte sich, wohin der Mann wohl flog, und ob jemand auf ihn wartete.

Endlich kam die Durchsage, auf die er gewartet hatte: „Passagiere des Fluges nach Madrid werden gebeten, sich zum Gate A12 zu begeben." Paul stand auf, schnappte sich seine Tasche und ging langsam in Richtung Gate. Der Mann rührte sich nicht, als er aufstand, und Paul war versucht, ihn zu wecken, entschied sich aber dagegen. Vielleicht sollte er einfach weiter schlafen.

Als er das Gate erreichte, war die Schlange der Wartenden bereits lang. Er stellte sich hinten an und wartete, die Hände tief in den Taschen vergraben. Vor ihm stand eine junge Frau mit einem kleinen Jungen, der unruhig hin und her zappelte. Die Frau schien erschöpft, die Augen müde, als ob sie seit Tagen nicht geschlafen hätte. Paul fragte sich, was ihre Geschichte war, warum sie hier war und wohin sie ging.

Die Zeit am Gate verging schneller als erwartet, und bald war Paul an der Reihe. Er reichte sein Ticket dem Mitarbeiter, der es stumm überprüfte und ihm mit einem knappen Nicken den Weg freigab. Paul ging durch den Gang, betrat das Flugzeug und fand seinen Platz am Fenster. Er setzte sich, schnallte sich an und lehnte sich zurück.

Die Maschine füllte sich langsam, die Passagiere verstauten ihr Gepäck, setzten sich und bereiteten sich auf den Flug vor. Die Motoren dröhnten leise im Hintergrund, ein beruhigendes Geräusch, das Paul immer gemocht hatte. Es bedeutete, dass sie bald losfliegen würden, dass er bald auf dem Weg zurück wäre.

Die Türen schlossen sich, und das Flugzeug begann, sich in Richtung Startbahn zu bewegen. Paul sah aus dem Fenster, beobachtete die Lichter des Flughafens, die im Regen verschwammen, und spürte eine seltsame Ruhe in sich aufsteigen. Es war, als ob die Welt für einen Moment stillstand, als ob alles, was ihn belastete, dort unten blieb.

Der Start war ruhig, die Maschine hob sanft ab, durchbrach die dichte Wolkendecke und stieg in den klaren Himmel. Paul sah, wie die Wolken unter ihnen verschwanden, und darüber hinaus erstreckte sich das endlose Blau des Himmels. Es war, als ob er alles hinter sich ließ, als ob die Sorgen und Zweifel, die ihn so lange begleitet hatten, unten blieben.

Doch er wusste, dass sie ihn wieder einholen würden, sobald er landete. Die Fragen, die er verdrängt hatte, würden zurückkehren, und er würde sich ihnen stellen müssen. Aber nicht jetzt. Jetzt gab es nur den Flug, den Moment der Ruhe, den Augenblick der Stille zwischen dem Vergangenen und dem Kommenden.

Die Reise war lang, doch Paul bemerkte kaum, wie die Stunden vergingen. Er dachte an Maria, an das Wiedersehen, das vor ihm lag, und an die Worte des alten Mannes. Die Zeit vergeht, und man merkt es nicht, bis sie plötzlich verschwunden ist. Vielleicht hatte er recht. Vielleicht musste er einfach leben, weitermachen, was auch immer kommen mochte.

Als das Flugzeug schließlich zur Landung ansetzte, fühlte Paul ein leichtes Zittern in seiner Brust. Er war fast da, fast am Ende seiner Reise, und doch wusste er, dass das eigentliche Ziel noch vor ihm lag. Die Räder berührten sanft den Boden, die Maschine bremste ab und rollte langsam in Richtung Terminal.

Paul blieb sitzen, bis die meisten Passagiere ausgestiegen waren. Er wollte den Moment hinauszögern, die Ruhe bewahren, die er in sich fühlte. Doch schließlich stand er auf, nahm seine Tasche und ging den Gang hinunter. Als er die Tür des Flugzeugs durchschritt und die kühle Luft ihn umhüllte, wusste er, dass es keine Flucht mehr gab.

Die Ankunftshalle war belebt, Menschen drängten sich um die Gepäckbänder, suchten nach ihren Koffern, warteten auf ihre Lieben. Paul sah sich um, spähte über die Köpfe hinweg, bis er sie entdeckte. Maria stand dort, die Arme verschränkt, die Augen auf den Ausgang gerichtet. Als sie ihn sah, huschte ein Lächeln über ihr Gesicht, doch es war zögerlich, vorsichtig, als ob sie nicht sicher war, wie sie ihn begrüßen sollte.

Paul ging langsam auf sie zu, unsicher, ob er sie umarmen oder einfach nur die Hand geben sollte. Doch als er nah genug war, um ihre Augen zu sehen, wusste er, dass Worte unnötig waren. Es war ein Moment des Erkennens, ein stilles Einverständnis, dass sie beide sich verändert hatten, aber dass das Band zwischen ihnen noch da war, schwach, aber noch vorhanden.

„Hallo, Paul“, sagte sie leise, und ihre Stimme klang genauso wie in seiner Erinnerung.

„Hallo, Maria“, antwortete er, und er fühlte, wie die Anspannung in ihm nachließ. „Es ist lange her.“

„Ja“, sagte sie, und dann lächelte sie, ein echtes Lächeln, das ihre Augen erreichte. „Aber jetzt bist du hier.“

Paul nickte, und sie standen einen Moment lang schweigend da, während um sie herum das Leben weiterging. Dann nahm sie seine Hand, und sie gingen gemeinsam in Richtung Ausgang. Der Regen hatte aufgehört, und draußen schien der Mond durch die Wolken. Es war eine kalte Nacht, aber Paul fühlte sich zum ersten Mal seit langer Zeit warm.

Sie gingen zusammen hinaus in die Dunkelheit, und Paul wusste, dass es nicht einfach sein würde, dass es noch viele Fragen gab, auf die sie Antworten finden mussten. Aber sie waren bereit, es zu versuchen. Und das war alles, was zählte.

The Flight of Silence

The rain beat against the large glass windows of the airport, blurring the lights of the planes taking off and landing into an uneasy shimmer. People hurried through the halls with their heads down, seeking shelter from the cold and wet outside. Inside, it was warm, the air filled with the sounds of announcements, conversations, and the constant rolling of suitcases on the floor.

Paul sat on one of the hard plastic benches in the waiting area and looked out the window. His flight was delayed, like so many others that evening, and he didn't know how long he would be stuck here. The hours dragged on, and the discomfort grew. It was a strange time, stuck between worlds, caught in uncertainty.

He had prepared for this flight, imagining what it would be like when he finally arrived. But now everything seemed so far away, as if the destination was at the other end of the world. Paul rubbed his eyes, trying to shake off the fatigue that was slowly spreading through him. The cold of the concrete under his feet crept into his bones, and he pulled his jacket tighter around him.

The loudspeaker announcements came at regular intervals, always the same phrases: "The flight to Berlin is delayed by an hour," "Passengers for the flight to Rome, please proceed to Gate B23." Paul barely listened. The words blurred into a monotonous hum in his head.

Next to him sat an older man with a gray hat, hands resting on a walking stick. He had noticed him when he arrived, but they hadn't exchanged a word yet. The man had become part of the scenery, one of the many figures that populated the airport, waiting to move on. Or waiting for something to happen to free them from their stasis.

"Have you been waiting long?" the man suddenly asked, without taking his eyes off the incoming planes.

Paul flinched slightly, then turned to him. "Yes, quite a while," he replied. "Everything seems delayed today."

The man nodded slowly, as if he had expected it. "Waiting, that's the worst part," he said in a raspy voice that sounded like many years of smoking. "You never know how long it will last or if you'll ever arrive."

Paul looked at the man, trying to find more in his words than just the obvious meaning. "Do you fly often?" he asked, without much interest in the answer, more to break the silence.

"I used to, not so much now," the man replied. "It gets harder with age. But I visited someone I hadn't seen in a long time. You have to take the opportunities while you still can."

Paul nodded but didn't know what to say in response. He felt trapped in this brief encounter that meant nothing but said more than he wanted to understand.

Time seemed to stand still as they both fell silent again. The rain outside grew heavier, the drops beating against the glass as if they wanted to break into the safe haven of those waiting. Paul looked at his watch. Another hour until departure, if that still held.

He thought of Maria, who would be waiting for him at the other end of the flight. It had been a long time since they had last seen each other. Too long, perhaps. Paul wasn't sure if the feelings that had once connected them were still the same, or if time and distance had loosened the bond between them.

It was his decision to go to Europe, to start a new life far away from the confines of his hometown and the expectations that weighed him down there. Maria had said she understood, she supported him, but he knew it hurt her. They had written letters, made phone calls, but it wasn't the same. And now he was returning, not as the man he had been back then, but as someone different, with new experiences and a different view of the world.

"Are you also on your way to someone?" the man suddenly asked, as if he had read Paul's thoughts.

"Yes," Paul replied after a brief hesitation. "I'm visiting someone I haven't seen in a long time."

The man smiled faintly, his eyes lost in memory. "Time changes things," he said softly. "But sometimes it's worth the wait."

Paul didn't know if the man was right. He wanted to believe it, clinging to the idea that maybe there was still hope, that he and Maria could pick up where they left off. But deep down, uncertainty gnawed at him. What if she didn't feel the same about him anymore? What if he didn't feel the same about her?

The loudspeaker echoed through the hall again, announcing another delay. Paul sighed quietly, leaned his head against the cool glass behind him, and closed his eyes. The airport was full of people, yet he felt lonely, cut off from everyone around him.

He thought about the last few months in Europe, the cities he had seen, the people he had met. It had been a good time, exciting and new, but now, looking back, everything seemed so far away. Only the images remained, captured in photos that would gather dust in an album. But what was all that worth if he no longer knew where he belonged?

"Sometimes," the man said softly, as if he was reading Paul's thoughts again, "time passes, and you don't notice it until it's suddenly gone. Then all that's left is the memory."

Paul opened his eyes and looked at the old man. "And what do you do then?" he asked.

The man shrugged. "You keep living," he said simply. "What else?"

Paul slowly nodded. It was a simple answer, yet so hard to accept. He thought about how it would be when he looked Maria in the eyes again, after all this time. He didn't know if he would find the right words, if she would find the right words. But the flight was booked, the path back was set. There was no turning back.

Time dragged on painfully slowly. Paul watched as people came and went around him, as the clock hands moved relentlessly forward. The old man next to him had fallen asleep, his hat pulled deep over his face, his walking stick tightly grasped. Paul was tempted to wake him but decided against it. Perhaps he should just keep sleeping.

Finally, the announcement Paul had been waiting for came: "Passengers for the flight to Madrid are requested to proceed to Gate A12." Paul stood up, grabbed his bag, and walked slowly toward the gate. The man did not stir as he got up, and Paul was tempted to wake him but chose not to. Maybe he should just keep sleeping.

When he reached the gate, the line of waiting passengers was already long. He took his place at the end and waited, his hands buried deep in his pockets. In front of him stood a young woman with a small boy who was fidgeting restlessly. The woman looked exhausted, her eyes tired as if she hadn't slept in days. Paul wondered what her story was, why she was here, and where she was going.

The time at the gate passed more quickly than expected, and soon it was Paul's turn. He handed his ticket to the employee, who checked it silently and gave him a curt nod. Paul walked down the jetway, boarded the plane, and found his seat by the window. He sat down, fastened his seatbelt, and leaned back.

The plane filled up slowly, passengers stowing their luggage, sitting down, and preparing for the flight. The engines hummed quietly in the background, a comforting sound Paul had always liked. It meant they would soon be on their way, that he would soon be heading back.

The doors closed, and the plane began to taxi toward the runway. Paul looked out the window, watching the lights of the airport blur in the rain, and felt a strange calm rise within him. It was as if the world stopped for a moment, as if all the worries and doubts that had plagued him were left behind.

The takeoff was smooth, the plane lifting gently, breaking through the thick cloud cover, and climbing into the clear sky. Paul watched as the clouds disappeared below them, and beyond stretched the endless blue of the sky. It was as if he left everything behind, as if the concerns and doubts that had accompanied him for so long were left down there.

But he knew they would catch up with him once he landed. The questions he had pushed aside would return, and he would have to face them. But not now. Now there was only the flight, the moment of calm, the interval of silence between the past and the future.

The journey was long, but Paul hardly noticed how the hours passed. He thought of Maria, of the reunion that lay ahead, and of the old man's words. Time passes, and you don't notice it until it's suddenly gone. Maybe he was right. Maybe he just had to live, move on, whatever might come.

When the plane finally began its descent, Paul felt a slight tremor in his chest. He was almost there, almost at the end of his journey, and yet he knew the real destination lay ahead. The wheels touched down gently, the plane slowing down, and taxiing slowly toward the terminal.

Paul remained seated until most of the passengers had disembarked. He wanted to prolong the moment, keep the calm he felt within him. But eventually, he stood up, grabbed his bag, and walked down the aisle. As he stepped through the door of the plane and the cool air enveloped him, he knew there was no escape anymore.

The arrival hall was bustling, people crowding around the baggage carousels, looking for their bags, waiting for their loved ones. Paul looked around, scanning the heads until he spotted her. Maria stood there, arms crossed, eyes fixed on the exit. When she saw him, a smile flitted across her face, but it was hesitant, cautious, as if she wasn't sure how to greet him.

Paul walked slowly toward her, unsure whether to hug her or simply shake her hand. But as he got close enough to see her eyes, he knew that words were unnecessary. It was a moment of recognition, a silent understanding that they both had changed, but that the bond between them was still there, weak but still present.

"Hello, Paul," she said softly, and her voice sounded just as he remembered.

"Hello, Maria," he replied, and he felt the tension in him ease. "It's been a long time."

"Yes," she said, and then she smiled, a genuine smile that reached her eyes. "But now you're here."

Paul nodded, and they stood for a moment in silence as life continued around them. Then she took his hand, and they walked together toward the exit. The rain had stopped, and the moon shone through the clouds outside. It was a cold night, but for the first time in a long while, Paul felt warm.

They walked out into the darkness together, and Paul knew it wouldn't be easy, that there would be many questions to answer. But they were ready to try. And that was all that mattered.